Couvertures supérieure et inférieure
en couleur

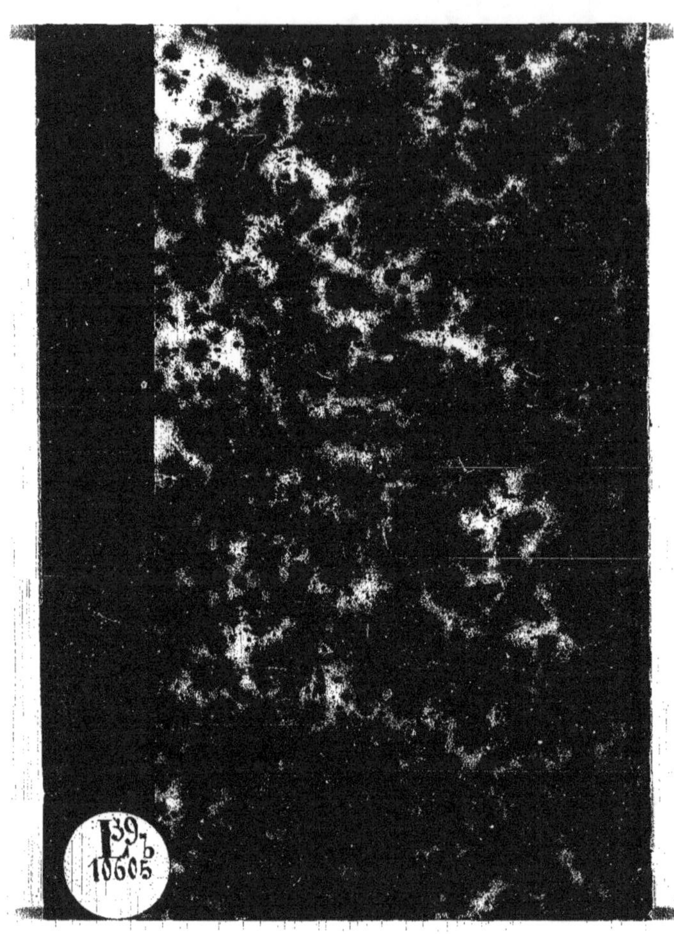

LETTRE

DE M. LE COMTE

D'ANTRAIGUES,

*A MM. ***, commissaires de la Noblesse de B.....*

Sur plusieurs éclaircissemens qui lui ont été demandés sur notre antique et seule légale constitution.

Suum cuique decus
Posteritas rependit.
Tac. Ann. lib. IV.

A PARIS,

Chez A. M. Chalier, Libraire au Palais Royal, N.º 192.
Chez Lallemand, Libraire sur le Pont-Neuf.

1792.

AVERTISSEMENT

Des Éditeurs.

Sɪ nous avons tant différé à publier
cette lettre , c'est qu'un devoir
rigoureux nous prescrivoit , pour la
rendre publique , d'obtenir préala-
blement la permission de son illustre
auteur.

Il nous l'a accordée sous deux
conditions :

La premiere , d'y ajouter les notes
qu'il a cru nécessaires au développe-
ment de ses principes.

La seconde , de ne pas nous
nommer , parce que , restant exposés à la rage de nos tyrans , ils

se vengeroient sur nous , de sa
publication.

Nous obéissons à regret ; mais
un tems viendra où nous pourrons
nous glorifier d'avoir provoqué une
pareille réponse, et de l'avoir publiée.

Ce 2 juillet 1792.

————

LETTRE

DE M. LE COMTE

D'ANTRAIGUES,

*A MM. ***, commissaires de la Noblesse
de B***.*

3 juin 1792.

Je répondrai, messieurs, à la lettre que m'a remise de votre part M. ***, avec vérité et simplicité.

Ce qui vous occupe est une de ces questions politiques, que les passions, les haines, les affections, l'intérêt personnel embrouillent sans cesse, mais qui sont d'avance décidées d'une manière très-précise par nos loix.

Vous avez raison : le Roi de France n'est roi, ni par droit de conquête, ni de droit divin. Ces mots là ne veulent rien

A 3

dire ; ils démentent l'histoire ; ils affoi-
blissent les droits du trône, en faisant
porter sa base à faux. La nation a établi
en France la monarchie, avant même
que l'étendue de la monarchie fît une
nécessité physique de son existence. Sans
doute Hugues Capet fut élu roi, et les
Etats - Généraux formerent avec la sanction de ses successeurs, la constitution
françoise, telle qu'elle existe aujourd'hui.
Les Etats-Généraux de 1614 nous présentent la dernière forme légale , sous
laquelle tous les pouvoirs politiques de
la constitution ont exercé leurs droits.

Ainsi notre Roi est roi, d'après la
même loi qui nous a donné une existence
politique. Son trône s'appuie sur la même
base que nos loix fondamentales, et ses
droits se confondent |avec tout ce que
nous avons de plus cher, la liberté et la
propriété. (1)

____

(1) En relisant cette Lettre, messieurs, per-
mettez - moi d'ajouter une note à cet article ,
pour mieux développer mes idées.

On pourroit peut-être dire que l'existence du trône est de droit divin, en ce

---

Un des événemens les plus mémorables dans tout ce qui s'est passé en France depuis le regne des scélérats, c'est que la populace de la premiere Assemblée, cette foule obscure de criminels à gages, ait toujours apperçu dans le Roi, un ennemi à combattre, et que la nation égarée ait partagé ces sentimens avec la plus brutale fureur.

Les chefs de la premiere Assemblée n'étoient pas atteints de ce délire, mais ils l'excitoient. Leur but étant de placer *le plus exécrable monstre* sur le trône, ou d'anéantir la monarchie, on conçoit très-bien que leur premier moyen étoit d'avilir et faire assassiner Louis XVI, comme formant un obstacle insurmontable au succès de leurs complots.

La seconde Assemblée, sans plan, sans but, odieux instrument d'infamie et de crime dans les mains de toutes les factions, avilie dès sa naissance par la seule réunion des misérables sans talens qui la composent, elle est rentrée, aux yeux de l'Europe, dans la classe de la lie du peuple ; c'est la fange de la nation jetée dans un cloaque ; ses opinions, ainsi que ses prétendues loix, ne valent pas même la peine d'être examinées.

A 4

sens : que Dieu a tracé lui-même les devoirs des sujets envers les Rois ; que par

------

Mais que la nation ait continué de partager le
délire que lui inspiroient les chefs jacobites et
monarchiens sur l'autorité royale, et l'antique
constitution qui en est la base : voilà, je l'avoue,
un phénomene incompréhensible.

Le grand secret des chefs de la première Assemblée fut, en s'adressant aux dernieres classes
du peuple, de parler toujours de la puissance
absolue du peuple, de la souveraineté du peuple ;
comme si la France eût été une pure démocratie.
Cette puissance, cette souveraineté pour un peuple
sans loi, sans mœurs, sans honneur, sans pudeur,
sans humanité, devint ce qu'elle devoit être,
la liberté de l'impiété, du brigandage, de l'assassinat et de l'incendie. Le peuple François a
prouvé par trois ans de plein exercice de sa souveraineté, ce qu'il entend, lui, par la souveraineté
du peuple, et quelles limites la puissance absolue
a dans ses mains. Le peuple est de fait souverain
en France, comme une troupe de brigands se
donne les droits et l'exercice de la souveraineté
dans ses cavernes.

Les chefs de la première Assemblée l'avoient
bien prévu ; et pendant que ce peuple-roi voloit,

conséquent cette forme de gouvernement
a reçu d'avance la sanction divine, et

---

brûloit , egorgeoit et mangeoit quelquefois ses
victimes , ses chiefs faisoient tomber en dissolution
la monarchie françoise, et préparoient l'oligarchie
de l'Assemblée des tyrans. Cette oligarchie devoit
être la conséquence immédiate de la destruction
des droits de la royauté.

En effet ; aussi-tôt qu'une nation agit par ses
représentans , elle n'est ni ne peut prétendre à
être souveraine. Cet attribut de la souveraineté
ne convient qu'à de petites nations qui exercent
elles - mêmes tous les actes de la puissance ;
c'est-à-dire , à de pures démocraties (et, suivant
J. J. Rousseau , la pure démocratie est la plus
mauvaise de toutes les souverainetés.)

Mais une grande nation qui jouit du droit de
se faire représenter, cherche à se garantir à la
fois de la tyrannie d'un seul, et de l'horrible
tyrannie de plusieurs ; elle s'arme de ses droits
constitutionnels , et en confie l'exercice à ses représentans, *suivant les formes établies par la
constitution* , pour éloigner la tyrannie d'un seul ;
et elle investit le Roi de toute la force de la constitution même , elle en fait un pouvoir isolé ,
nécessairement existant , essentiellement indépen-

que les devoirs des peuples envers les
Rois, et des Rois envers les peuples, for-

---

dant, dont on ne peut jamais se passer, qui existe
simultanément avec les Etats - Généraux, sans
rien perdre de la plénitude de sa puissance, parce
qu'il ne la tient pas d'eux, qui doit les précéder
et leur survivre, qui peut à son gré, par un seul
acte de sa volonté, les appeller et les dissoudre,
tandis qu'ils ne peuvent rien sur lui ; et après avoir
armé le trône de ces droits imprescriptibles, la
nation fait de ce trône son unique moyen de résister
à la tyrannie de plusieurs, ou à l'oligarchie d'une
Assemblée usurpatrice. Tel est le jeu politique de
tous les états où la nation a des droits, une constitution et une représentation nationale.

La nation y est constamment soumise, et toujours gouvernée ; elle n'y exerce et ne peut jamais
y exercer aucun acte de souveraineté. Mais elle y
est soumise à la constitution, et gouvernée par ses
loix ; et ce sont les loix et la constitution qui sont
les vrais souverains.

Dans cet état passif, elle est défendue par deux
pouvoirs, des dangers de toutes les sortes de
tyrannie.

Les Etats - Généraux éloignent le despotisme
d'un seul, et l'intérêt de ses représentans est essen-

ment une partie des obligations impo-
sées aux chrétiens par la loi de Dieu.

---

tiellement celui de la nation ; car, députés pendant
une année, ils restent citoyens toute leur vie.

Le Roi défend la nation du despotisme de ses
représentans, et son intérêt est essentiellement
celui de la nation ; car il doit porter le sceptre
toute sa vie, et il cesseroit d'être roi, si les Etats-
Généraux, de son aveu, usurpoient la moindre de
ses prérogatives constitutionnelles.

Sous cet aspect, qui est le seul véritable, les
droits les plus absolus du trône, dès qu'ils lui
sont assurés par la constitution, deviennent le
plus précieux domaine du peuple, le premier
rempart de sa sûreté et de sa liberté. Ce sont ces
vérités (qu'au travers les honorables huées et
les menaces de la canaille, soudoyée par M. le
duc d'Orléans) j'exposois à l'Assemblée où sié-
geoient ses complices. Le 2 septembre 1789,
elles me valurent de la part d'un sieur Prud-
homme, auteur d'un journal, une lettre au nom
d'une société de bandits qu'il présidoit, qui est
une pièce unique en son genre. Maintenant on
sent, je crois, la force de toutes ces vérités politiques. Maintenant que le regne de la plus dé-
testable faction est établi, la nation, la partie.

Cette loi céleste, applicable, dans son universalité, à tous les empires, prescrit aux Rois l'amour de leurs peuples, et nous explique que l'amour des Rois pour leurs peuples, n'est autre chose que le respect pour les loix, et la sévérité de la justice mêlée avec la clémence ; car pour être juste aux yeux de Dieu, il faut être à la fois sévère et miséricordieux.

Cette même loi nous apprend les devoirs des peuples envers les Rois. Fidélité pour leur personne, et obéissance aux loix, tels sont les devoirs des peuples. Obéir au Roi, ministre suprême des loix, être fidèle au Roi, mourir pour le défendre, le préserver, le conserver ; voir les ennemis de l'état dans ceux qu'il déclare

------

la plus nombreuse de la nation, préféreroit à cet opprobre le regne de Néron : il étoit moins cruel et moins avilissant ; mais le désespoir est un mauvais conseiller. Notre antique constitution sans aucune innovation, nos antiques loix, notre Roi Louis XVI remis en liberté : voilà ce qu'il nous faut, après tant de malheurs, pour obtenir au moins une paix assurée.

en être les ennemis ; s'armer du glaive à sa
voix, ne le déposer que par son ordre :
tels sont les devoirs des peuples, et spé-
cialement des François, chez qui le droit
de la guerre ou de la paix repose, dans
toute sa plénitude, dans les mains du
Monarque.

Ces obligations sont des devoirs indé-
pendans des affections du cœur. Les obligations s'imposent, les affections ne se
commandent pas ; c'est ce qui rend l'obéissance des sujets un des droits du trône,
et leur amour sa récompense. La loi a
pourvu à ce que le Roi fût obéi ; elle lui
laisse le soin de se faire aimer.

La loi de Dieu, en prescrivant l'obéissance aux loix, n'a pas tracé ces loix particulières auxquelles nous devons obéir ;
c'est que la Sagesse suprême, en comman-
dant aux hommes, parle à la fois à tous
les peuples et à tous les siecles ; la premiere et la dernière génération sont un
même point à ses yeux ; et c'est l'attribut
de la puissance éternelle, de créer des
loix que le temps n'altere pas, qui sont

applicables à tous les siecles, et qui, éma-
nées de l'infaillibilité même, conservent
parmi les hommes le caractere de l'éternelle durée de leur divin Auteur.

Dieu a donc laissé aux hommes le soin
de former ces loix constitutives des empires, parce que ce sont les localités qui
dictent ces premieres loix ; elles sont for-
mées suivant le caractere de la nation qui
s'y assujettit : cette nation les adapte à
son territoire, à ses besoins et à son
caractere.

La Sagesse céleste n'éprouvant aucune
des passions des hommes, et embrassant
tout par sa prévision, n'a besoin ni de
conseil, ni d'expérience pour s'assurer de
l'excellence de sa volonté ; elle n'est su-
jette ni au repentir, ni à l'erreur ; ce
qu'elle a voulu, elle n'a jamais cessé de
le vouloir.

Pour les hommes, c'est l'expérience
qui est la voie de la sagesse ; c'est l'expérience qui donne aux loix humaines la
preuve de leur bonté ; et c'est ce principe qui fait des loix de nos peres le

trésor de la nation. La suite des siecles
a donné à ces institutions, par de longues
et cruelles épreuves, l'excellence que les
loix de Dieu reçurent au moment même
où sa voix les fit connoître ; et ce fut pour
les préserver de l'atteinte des passions qui
les attaquent sans cesse, que les peuples
de tous les pays et de tous les siecles les
environnerent de ces formes lentes et
séveres qu'il faut nécessairement franchir
avant de pouvoir les altérer. Ces formes
rigoureuses sont les entraves salutaires
que la prudence a mises aux passions,
parce que la résistance les amortit et les
fatigue, qu'elle éveille les défenseurs des
loix, qu'une longue sécurité auroit en-
dormis ; que les efforts employés pour
vaincre ces formes conservatrices, annon-
cent le péril, et assurent aux loix constitutives des empires, toute l'immutabilité
que la prévoyance humaine pouvoit leur
donner.

Ce sont ces loix nationales, transmises
par une longue suite de siecles, ce sont ces
formes constitutionnelles qui environnent

les loix, qui forment le temple de la
constitution, et où l'on ne peut pénétrer
qu'après en avoir légalement ouvert le
sanctuaire. C'est cet ensemble que j'ai
présenté dans l'écrit que j'ai publié sous
le titre d'*Exposé de notre antique et seule
légale constitution françoise*.

D'après ces principes, qui ne sont les
miens que par ma soumission à leurs
conséquences, et qui sont essentiellement
ceux de notre constitution, quiconque,
en suivant toutes les formes prescrites
par nos loix, parvient à placer une loi
dans le sanctuaire de nos loix constitutives, est un législateur : quiconque s'y
introduit en brisant l'enceinte, en violant
une seule de nos formes constitutives, est
un tyran. La loi fût-elle sage dans ses
conséquences, le vice de son principe
rend celui qui la porte, digne de périr sur
l'échaffaud. Il est criminel envers Dieu,
le Roi et la nation ; car celui qui peut
une fois faire recevoir une bonne loi par
la force (la loi fût-elle excellente en elle-
même) il a détruit par ce seul fait la constitution

titution de son pays; il a prouvé que la
violence pouvoit la suppléer; il a appris
aux usurpateurs à venir à être plus puis-
sans que la loi; et quiconque a commis
un pareille crime, doit périr de la main des
bourreaux.

Tous ces principes admis, il en résulte
que nous avons une constitution; qu'elle
domine le trône lui-même. Elle le domine
et l'environne, car elle fait à la fois, sa
gloire, sa défense et sa base : elle place
et domine tous les ordres de la nation :
elle nous apprend à la fois nos devoirs
et nos droits; nous présente le moyen
d'obtenir le redressement de nos griefs;
de faire ressortir la vérité du choc même
des passions, et de former, avec la sanction
du Roi, les loix qui doivent faire notre
bonheur.

Il ne s'agit donc, pour connoître nos
devoirs de citoyens, que d'étudier nos
loix; et pour nous circonscrire dans nos
droits, nous n'avons encore d'autre étude
à faire que celle de nos loix.

Mais c'est ici sur-tout qu'il importe

B

de mettre un frein à son imagination, et
de se dire sans cesse, que la constitution
est l'édifice élevé par la raison et l'expérience, pour réprimer toutes les passions
individuelles.

Une bonne constitution doit faire le
bonheur général, mais elle doit être ré-
primante et sévère pour toutes les volontés déréglées. Lorsqu'on veut être heureux du bonheur général, on trouve un
refuge et un abri dans la constitution :
quand on veut faire régner sa volonté,
on y trouve un écueil. Sans cela, une
constitution seroit essentiellement vicieu-
se : si elle empêche les rois de devenir
des despotes, elle empêche les ambitieux
de devenir des tyrans. Et qu'on ne croie
pas que la tyrannie est une passion particulière des rois; elle est la passion de
tous les individus. L'exemple le plus scan-
daleux de cette vérité frappe aujourd'hui
tous les regards; mais en détournant nos
yeux de cet amas de fange et de bassesse,
qui, sous le nom d'assemblée nationale,
présente le repaire le plus hideux des

vices les plus bas, je dis, que tous les
hommes ont le plus violent penchant à
la tyrannie, sages ou fols, stupides ou
éclairés, tous voudroient faire le bien ou
le mal violemment, soumettre les hommes à leurs conceptions, avoir le pouvoir de Dieu même, et voir tous leurs
égaux obéir à la loi, à la charge de n'y
point obéir eux-mêmes, et de devenir
les législateurs de leur patrie.

Dans les siécles passés, ce penchant
existoit sans doute ; mais il se cachoit d'a-
vantage : c'étoit le vice secret dont on n'o-
soit se faire la confidence qu'à soi même.
On faisoit de ce pouvoir que l'on convoi-
toit, le roman de sa vie ; mais la religion,
le respect pour la loi et le trône étouffoient
le désir de confier aux autres hommes la
haute estime dont on s'honoroit soi-même.

Dans ce siècle, la philosophie moderne
a brisé toutes ces entraves ; elle a détruit
la conscience de l'univers, en attaquant
l'existence de Dieu même.

En prêchant d'abord onvertement le
déisme, elle cherchoit à ménager les cons-

ciences timorées, et élevoit en secret à plus d'audace ceux en qui elle croyoit une foi plus robuste à ses préceptes.

La véritable doctrine de la philosophie moderne, est l'athéisme : c'est ce que les philosophes Diderot et d'Alembert appelloient *la doctrine intérieure*; mais ayant à détruire la croyance d'un Dieu et celle de la religion qu'il a révélée, ils sappoient d'abord la religion révélée, bien sûrs que lorsque cette œuvre seroit accomplie, il seroit aisé *et qu'il ne seroit plus dangereux* de prêcher ouvertement l'athéisme. La philosophie établissoit sa puissance sur une base immense, l'orgueil des hommes d'un vrai talent, et la vanité de tous. De ces principes mis en action, est née une impudence publique, qui n'a permis à aucun individu de cacher la haute estime qu'il se portoit à lui-même : en méprisant les opinions de l'antiquité, ses usages, ses institutions, ses loix; en apprenant à couvrir d'opprobre tous les cultes religieux, à rendre problématique l'existence de Dieu même, il n'est resté aux hommes que le désir d'être eux-mêmes leurs législateurs, et ceux de leurs concitoyens ; et comme cette idée s'établissoit environnée de toutes les illusions du plus insolent amour-propre, chacun prenant ses conceptions pour des vérités nouvelles, auroit voulu qu'elles devinssent le code des nations : chaque philosophe sur - tout eût voulu les établir par *le fer et le feu*, s'il en eût eu la possibilité.

La tolérance que prêchoit, il y a vingt ans, la nouvelle philosophie, ne fut dans son principe que les précautions que dictoit aux philosophes la terreur des loix ; ils vouloient que l'on tolérât tous les préliminaires nécessaires pour établir un jour leur intolérance. Nous avons vu ces tems de leur tolérance, et nous voyons aujourd'hui celui de leur ridicule et épouvantable tyrannie. Ainsi la révolution d'un siècle aura vu naître et verra, je l'espére, PÉRIR cette peste morale qui, semblable à la peste noire, aura fait à peu près le tour de l'Europe dans un demi siècle.

Ainsi dans ce siècle plus que dans aucun autre, l'amour de la tyrannie est devenu la passion générale; chaque ambitieux prêche la liberté comme moyen de tout détruire, et chacun voudroit sur ses ruines établir la tyrannie philosophique; c'est-à-dire, faire régner despotiquement ces hommes, absurdes et affreux, qui ayant détruit tout ce par quoi la morale a des prises sur le cœur des hommes, voudroient établir leur empire sur la licence accordée à tous leurs complices, et la ruine, la dévastation, le supplice de tous leurs adversaires.

Il faut en convenir, les prestiges de la nouvelle philosophie ont atteint toutes les classes de la société. Les bons citoyens les combattent par la raison; mais ses illusions se fortifiant par l'amour-propre, il faut les surveiller sans cesse.

Dans notre parti dévoué à la religion, à la loi et au trône, elle chercheroit à glisser ses poisons; mais notre antidote est dans la constitution.

C'est une de ses ruses que de chercher à diviser les royalistes par des craintes sur l'usage que le roi fera de son autorité,

quand il en aura recouvré la plénitude ;
et comme il faut des ministres au Roi,
les craintes et les désirs se partagent entre
M. de Breteuil, ou M. de Calonne, et
sur le plus ou moins d'apparence que le
ministère sera confié à l'un ou à l'autre.

Vous me demandez mes opinions à ce
sujet : je ne pouvois les exposer qu'après
vous avoir fait connoître nos principes :
maintenant je vais vous satisfaire.

Mais permettez-moi, avant tout, de
vous développer mes sentimens personnels sur l'un et sur l'autre.

J'aime M. de Calonne ; je lui recon-
nois les plus grands talens, et tous les
dehors qui font pardonner de grands
talens à la jalousie et à l'envie. Sa conduite auprès de nos princes, est pour lui
un titre indestructible de fidélité et de
gloire. Il a constamment obéi à la constitution de sa patrie. Heur ou malheur,
il a suivi l'autorité légitime, là où elle
existoit pendant la captivité du Roi, et
il l'a servi de tous ses moyens ; ainsi
j'ai raison d'aimer sa personne, d'admirer
ses talens, d'estimer sa conduite.

Je hais M. le baron de Breteuil, et je
le hais pour le mal qu'il a fait à ma patrie ;
je le crois incapable de tout ce dont son
ambition lui fait illusion ; je l'en crois plus
incapable à présent que jamais, parce que
la férocité de caractère qui pouvoit nuire
à une autorité fortement établie, replon-
geroit bientôt dans les révolutions, un
empire chancelant et encore affoibli de
tant de plaies. Ce que je sais, par la voix
publique, de la conduite de M. de Breteuil envers nos princes, ne me paroît
point conforme à ce que la constitution
de sa patrie lui prescrivoit.

Ce que je crains pour l'avenir, si M.
de Breteuil est ministre, est effrayant ; car
je ne regarde pas, encore une fois, la bru-
talité comme un moyen, quand la fermeté
en est un. La fermeté, appuyée sur la loi,
se justifie d'elle - même : elle imprime la
crainte aux foibles, et le respect aux
grands caractères, qui n'aiment pas à céder
à la personne, mais qui fléchissent devant
la loi. L'âpreté insultante d'un ministre
est toujours la cause la plus prochaine des

mouvemens et des factions : en effrayant les hommes timides, elle les laisse avec la haine et la vengeance dans le cœur : elle enflamme les gens forts ; leur colère les égare souvent : elle voile à leurs yeux les périlleuses conséquences d'une démarche précipitée ; en voulant éloigner un ministre odieux, trop souvent ils outragent la constitution même, et deviennent très-coupables ; mais convenons aussi qu'il faut une grande et courageuse vertu pour mettre un frein à l'indignation d'un homme fier et sensible, et que c'est une bien grande imprudence de trop compter sur une vertu si rare. Telles sont mes idées sur M. de Calonne et M. de Breteuil. Maintenant venons au fait.

On a, me dites-vous, répandu avec affectation dans la *** que par une suite d'intrigue, M. le baron de Breteuil seroit ministre du Roi, et qu'il établiroit en France le système absurde des monarchiens : ce que les vrais royalistes ne veulent absolument pas souffrir, m'assurez-vous.

Distinguons ceci, je vous prie, en deux

choses , l'élévation de M. le baron de Breteuil au ministère , et l'établissement du système monarchien ; car en mêlant ces deux choses, on fait une telle confusion qu'il n'est pas possible de répondre.

Il est certain que , si le Roi veut pour son ministre M. le baron de Breteuil , aucun François n'a le droit de s'y opposer sans devenir rebelle ; et il l'est tout autant que si M. de Breteuil , de l'aveu et par l'ordre du Roi, osoit porter atteinte à la constitution de nôtre patrie , nous devons tous nous y opposer de toutes nos forces jusqu'à la mort, ou nous serions nous-mêmes des rebelles et des traîtres.

Car enfin, que demandons-nous ? Le rétablissement parfait et intact de la constitution françoise (2). Nous la deman-

____

(2) Lisez la Lettre des princes au Roi ; c'est là notre manifeste légal ; c'est là l'acte solemnel qui unit nos princes à notre antique constitution, jusques au dernier moment de leur vie , et qui nous unit à eux jusques au rétablissement parfait de l'antique constitution dans toute son intégrité.

dons, parce que c'est notre bien. Nous la demandons intacte , parce que tous les François, depuis le Roi jusqu'au dernier de ses sujets , lui doivent obéissance ; que personne n'a le droit de l'altérer ; que si on l'altéroit , personne ne doit se soumettre à ces innovations criminelles, et que tous les citoyens doivent se réunir pour la rétablir. Nous la demandons , parce que nous ne sommes pas les ennemis de telle ou telle faction ; mais les ennemis de toutes les factions , et qu'à nos yeux les monarchiens sont autant les ennemis de l'état que les jacobins ; que si les monarchiens ont raison, les jacobins ne peuvent avoir tort , car ils ont un droit égal à devenir les tyrans de leur pays.

Mais en demandant cette constitution , sans doute c'est pour obéir nous-mêmes. Or, quelle est la loi qui gêne le choix du Roi dans l'élection de ses ministres ? La liberté de les choisir à son gré, est une prérogative du trône ; et, il faut l'avouer, c'est une prérogative bien naturelle.

Le Roi a le pouvoir d'affronter à cet égard le vœu unanime de la nation, à moins que les loix n'aient convaincu un ministre de prévarication. La haine universelle n'est point un crime à lui imputer, quoique ce soit une forte présomption, qu'il l'a méritée par des torts graves. On peut chercher à éclairer avec respect, soumission et prudence, la justice du Roi, intéresser sa bonté, pour qu'il épargne à son peuple le choix d'un homme qu'il hait : mais si le Roi persiste, il use d'un droit légitime, et la nation doit se soumettre. Ce principe est si nécessaire au maintien de l'autorité royale, que j'avoue que, si le Roi plaçoit M. le baron de Breteuil au ministère, et qu'il se formât dans l'état une faction pour l'en éloigner *illégalement*, je n'hésiterois pas un moment à me rallier autour des partisans du ministre que je détesterois; non pour le faire triompher, mais pour conserver l'intégrité de la prérogative royale, attaquée dans ses plus légitimes droits (3). Voilà

____

(3) J'ai eu l'occasion de rendre hommage à

ce qu'est une constitution : tels sont les
devoirs qu'elle impose : voilà comment la

***

ce principe dans une circonstance assez difficile.
J'avois été nommé membre du premier comité
des rapports, qui fut établi lorsque l'Assemblée
des tyrans s'arrogea tous ses pouvoirs.

M. le duc de Praslin présidoit ce comité : quel-
ques-uns de ces factieux subalternes qui s'étoient
emparés de l'autorité municipale de la ville de
Paris après l'assassinat de M. de Flesselles, avoient
formé une espece de procédure, où ils avoient
réuni des chefs d'accusation contre M. le baron de Breteuil. Ils avoient montré cet ouvrage
à quelques factieux de l'Assemblée, et on y avoit
ensuite réuni quelques autres chefs d'accusation
provenant de sa conduite pendant son dernier
ministere, avant le 14 juillet 1789.

Ce paquet, avec quelques certificats assurant
la vérité des premieres accusations, fut remis
de la part de la nation, à M. le duc de Praslin,
par deux de ces misérables dénonciateurs à gage.

M. le duc de Praslin vint chez moi, me pro-
poser de me charger de rapporter cette affaire au
comité et à l'Assemblée ; et je dois dire qu'il me
témoigna le plus vif desir d'en arrêter les suites.

Je lus ce volumineux Mémoire. Je trouvai que
tout ce qui étoit antérieur au second ministère

voix des loix dompte les affections les plus cheres, et fait plier toutes les volontés

---

de M. de Breteuil, prouvoit assez clairement des abus d'autorité multipliés, de grandes vexations et beaucoup de dureté : mais assurément ce n'étoit pas à une Assemblée aussi illégale à en connoître.

Quant aux accusations portant sur son second ministere, et inculpant les conseils qu'il avoit donnés au Roi pour détruire les conjurés et leur chef, tout étoit présumé, car il n'existoit aucune preuve. Mais lors même que des preuves eussent été jointes à l'accusation, ces conseils n'étoient que ceux que j'aurois donnés au Roi en pareille circonstance ; car dissoudre une Assemblée rebelle, à main armée, à coups de canon, s'il l'eût fallu, étoit le devoir du Roi, aussi-tôt que, changeant elle-même son existence légale, elle eut usurpé tous les pouvoirs. Se saisir du chef des conjurés, le livrer au parlement, le faire juger et exécuter, étoit encore un des devoirs du Roi ; mais on peut imaginer ce que de pareils conseils, qui étoient bons et constitutionnels, puisqu'ils mettoient le Roi à sa place de défenseur de la constitution et des libertés de la nation, eussent paru aux régicides qui formoient la majorité de l'Assemblée.

individuelles devant l'autorité d'une constitution légale.

Ainsi, nul doute que l'on ne peut rien
faire pour gêner en cela, les prérogatives
du Roi ; qu'au contraire, dût-il en faire
certainement l'usage que l'on en redoute,
il faudroit combattre encore pour la lui
conserver ; parce que vouloir mettre ses

Je ne trouvai qu'un moyen de parer à ce nouvel
attentat, ce fut de laisser M. le duc de Praslin
me donner le rapport de cette affaire, et de lui
donner un reçu de toutes les pieces. J'étois résolu
à en refuser l'apport et le rapport au comité et
à l'Assemblée, et d'attaquer de front son incom-
pétence. Mon discours étoit prêt. M. le duc de
Praslin avoit pris sur lui de ne pas faire enré-
gistrer la remise de ces pièces au secrétaire du
comité, pour m'éviter, s'il étoit possible, des per-
sécutions.

Les orgies du 4 août amortirent les fureurs
de l'Assemblée contre les ministres, et bientôt un
tribunal d'inquisition choisi parmi les conjurés,
fut chargé de recevoir, payer, exciter les déla-
tions et les délateurs. Je n'entendis plus parler
des pieces que j'avois reçues, je les ai soigneusement conservées.

affections particulières, ses craintes même,
à la place des loix, c'est être rebelle si
l'on succombe , et tyran si l'on réussit.

Ce seroit un bien mauvais prétexte à
mettre en-avant, que celui de l'assurance
que l'on croit avoir, qu'un ministre fera
un usage pervers de l'autorité qui lui sera
confiée ; qu'il ne la recherche que pour
faire succéder un crime nouveau ,. aux
crimes des factieux ; qu'il ne veut être
puissant que pour se rendre plus coupable encore que les jacobins ; car ce seroit
être plus coupable qu'eux, que de rendre
le Roi l'ennemi de son peuple , en le ren-
dant le destructeur de la constitution nationale , qu'il a juré de respecter et de maintenir , en recevant la couronne.

Eh ! où en serions-nous donc , si des
craintes devenoient des motifs de résistance à la loi ? Où en serions-nous , si des
craintes fomentées peut-être par de faux
intérêts , par d'impérieuses circonstances ,
par de honteuses intrigues , devenoient des
moyens légitimes de porter atteinte à la
prérogative royale ? Quelle conduite enfin
seroit

scroit celle de ceux qui se révolteroient d'avance contre les loix, crainte que l'on n'abuse des loix ? Toutes les forces des sujets fidèles, tous les moyens d'assurer leurs loix fondamentales, de maintenir la constitution, de conserver leurs libertés et leurs propriétés, doivent se trouver dans la constitution même, car hors de son enceinte tout est illégal et criminel.

Ainsi, en prévoyant tous les maux que l'on redoute, j'apperçois de tous côtés les remèdes présentés par la loi; et je vois que c'est pour les avoir méconnus, ou pour ne pas compter assez sur le courage de ses concitoyens, que l'on cherche à un mal que l'on craint, des remèdes que la loi réprouve.

Un ministre peut commettre deux sortes d'offenses envers la constitution.

Il l'attaque dans sa base, et fait succéder à l'ordre légal qu'elle établit, un ordre de choses qu'elle n'a pas approuvé; et cet ordre de choses, quel qu'il soit, devient aussi-tôt une tyrannie.

Ou, respectant les masses de l'ordre

politique, il viole la constitution par des actes d'autorité arbitraire qu'elle défend ; car la constitution est outragée, si un seul particulier n'en est protégé de toute la force des loix.

Si un ministre attaque la constitution par l'établissement de quelques innovations, telle que seroit la création d'une chambre de Pairs, l'anéantissement des droits politiques, ou le vol des biens du clergé, la destruction des parlemens, à l'instant tout ce qui subsistoit en vertu des antiques loix, et des décrets des Etats-Généraux, est dissous et anéanti, si ces innovations n'ont été consenties suivant toutes les formes prescrites par nos loix : et de là s'ensuit le refus légitime et légal de tout citoyen, de reconnoître de prétendues loix qui ne sont que des actes isolés d'une tyrannie particulière qui domine la constitution même.

La force réunie de toutes les armées de l'univers ne peut rendre légitime une constitution illégale ; elle ne peut même établir la véritable constitution, car sa force invincible est dans l'attachement qu'elle inspire.

Que faire donc, me dites-vous, en admettant l'hypothese romanesque de l'Europe entiere, liguée pour placer M. le baron de Breteuil au ministere, et soutenir les innovations criminelles que l'on croit qu'il veut établir? Que faire? Respecter la constitution et l'aimer. La respecter, en le laissant paisiblement arriver à la place qu'il ambitionne, s'il plaît au Roi de la lui confier. Si en l'occupant, il déploie ces projets coupables que l'on craint; refuser de s'y soumettre, refuser tout ce qui pourroit soutenir cette odieuse innovation. Mais si la force prescrit l'obéissance? Obéir à la force, haïr le ministre criminel, et aimer la constitution. Avec de pareils sentimens et une conduite soutenue, la constitution sera immortelle.

D'ailleurs, permettez-moi de vous le dire, quelle démence politique que de croire que tous les rois de l'Europe puissent se réunir pour soutenir un crime inutile à leurs intérêts, et dangereux dans

C 2

toutes ses conséquences ! Quelle plus
grande démence que d'imaginer qu'ils res-
téroient long-tems unis pour un pareil
œuvre ! Ainsi que ce que fait le Roi dans
sa prison est nul et illégal , et ne peut
jamais lui-être imputé à tort ; de même
l'obéissance exigée par la force à une constitution qui ne seroit pas notre antique
constitution , est illégale , et ne prouve
aucune reconnoissance , aucun assenti-
ment de la part des sujets.

Une tyrannie si absurde , si bizarre , si
stupide , dont tout le mérite seroit l'abais-
sement des princes , la destruction de la
religion , la dégradation de la noblesse
et la ruine de ces fidèles sujets , qui ont
tout sacrifié pour sauver la religion et la
royauté ; une tyrannie , dont tout le mérite
seroit de former une chambre de Pairs ,
pour servir de repaire à la lie de tous les
partis , à ces déserteurs de toutes les factions , à ces hommes qui ont trahi le Roi
pour les jacobins , les jacobins pour les
monarchiens , et qui sont encore prêts à
trahir ceux-ci s'ils valoient la peine que

l'on mît un nouveau prix à une nouvelle infamie ; une tyrannie qui donneroit les droits de l'ordre de la noblesse à ces parjures qui ont faussé leur serment, déserté leur ordre ; une tyrannie enfin qui confieroit les droits politiques du clergé et de la noblesse, à ceux qui ont égalelment approuvé l'apostasie et l'infamie ; une pareille tyrannie ne sauroit exister. La force de l'univers entier ne peut lui prêter qu'un appui momentané. Cette force éloignée , et il est dans sa nature d'être bientôt éloignée , resteroient dans la nation , ces coupables et vils usurpateurs et leurs juges, et pour guider les uns et détruire les autres, la constitution dont ils osent tenir la place.

Sans doute de nouveaux troubles succéderoient encore à ceux qui nous déchirent; mais on l'auroit voulu. Plaisant reproche à nous faire , que les jacobins pourroient nous faire dès à présent; car nul doute que l'on n'obtînt d'eux une sorte de paix , en les laissaut les maîtres : on auroit la paix qui régnoit dans

l'antre de Poliphême. Mais c'est précisé-
ment cette fausse paix qu'il faut détruire,
pour asseoir les bases d'une paix légitime,
que la vertu et l'honneur puissent avouer.

Détruire les parlemens, me paroît le
comble de l'impolitique : les raisons de
cette impolitique sautent aux yeux.

Mais détruire les parlemens sans le
concours des États-Généraux, est encore
une démence, et une démence inutile, si
dans le cœur des magistrats existe encore
cet amour des loix qui les rend les ministres de la loi en des tems prosperes,
et ses martyrs en des tems d'orage.

Tant que les magistrats existent, l'indé-
lébile caractere de la loi environne leur
personne; et par-tout où ils se réunis-
sent, là est le temple des loix. Leur qualité
d'organes inamovibles des loix, est atta-
chée à leur personne, et non aux murs
des palais qui jadis les ont réunis. Leur
titre de mandataires des États-Généraux,
pour conserver les loix et les formes nationales, les suit encore dans leur exil;
leur fuite et leur héroïque résistance aux

tyrans étoient leur dernier hommage et
leur dernier devoir.

Le dépôt des loix qu'ils doivent conserver n'est pas dans ces archives que le
malheur des tems peut livrer aux mains
des brigands; il doit être dans leur cœur.
Détruire les parlemens sans le concours
des États-Généraux, est donc impossible.
Au milieu des tempêtes d'une administration orageuse et tyrannique, s'éleveroit
tout-à-coup leur voix antique et révérée,
en quelque lieu isolé qu'ils pussent se
rassembler, fût-ce dans une chaumiere.
De cet humble édifice sortiroit un arrêt
légitime, qui seroit la voix des loix et
de la constitution.

J'entends d'ici ce reproche bannal, qui
me sera encore fait au milieu de vous,
d'être parlementaire. Certes! oui, je suis
parlementaire, en tant que je connois les
droits de nos parlemens, et que je veux
les conserver, comme nécessaires au maintien de la constitution, à la sûreté de la
religion, du trône et à celle de tous les
citoyens. Mais je cesserai d'être parle-

mentaire, aussi-tôt que, sortant de l'enceinte qui leur est tracée par la constitution, les parlemens voudront là dominer
où tenir sa place. Les parlemens n'ont à
opposer à la volonté du Roi, que des re-
montrances qui éclairent sa justice, et une
résistance passive, qui appelle et invoque
l'Assemblée des États-Généraux ; car les
parlemens ont un juge, et ce juge suprême
c'est le Roi, réuni aux États-Généraux.

Les parlemens ont fait de grande fautes ; mais quels sont les ordres politiques
de la nation, qui n'en ont pas commises ?
Les fautes éclairent sur les dangers ; et les
parlemens sont d'autant plus nécessaires
au rétablissement de l'ordre, qu'ils ont été
instruits comme nous par le malheur, et
formés par l'adversité.

Les parlemens ont une utilité plus ma-
jeure encore, lorsque la nation n'est pas
représentée par ses États-Généraux, pour
protéger les libertés individuelles, et
éclairer la justice du Roi sur la conduite de
ses ministres : et c'est ici le moment de
parler du second délit, dont j'ai dit que

les ministres peuvent se rendre coupables
envers la constitution, par des attentats
sur les libertés individuelles.

Un ministre ignorant et féroce peut
attenter à la liberté individuelle de deux
manieres ; par la saisie des propriétés, et
par celle de la personne.

La saisie arbitraire des propriétés est
un crime inconnu en France, au moins
y a-t-il été fort rare : celle des personnes y
a été commune, et c'est un des attentats
que les cahiers des trois ordres ont una-
nimement proscrit.

Mais un individu ainsi outragé, ses
amis, ses parens, ses voisins deviennent
aussi-tôt ses défenseurs ; la loi permet à
chaque citoyen de dénoncer au vengeur
public, les attentats commis envers la
liberté publique, et la liberté publique
ne se compose que des libertés individuelles.

En tout tems un citoyen en France a
pu s'adresser au Roi lui-même, comme à
la source de toute justice, au souverain
magistrat, et lui dénoncer un ministre
prévaricateur.

Il a encore un autre moyen, celui d'attaquer le ministre coupable devant le parlement, et de rendre ainsi ce corps, défenseur des citoyens, son organe auprès du trône. Ce moyen d'y faire arriver sa plainte par l'organe même des ministres des loix, est aussi facile qu'il est imposant.

Qu'on ne m'objecte pas les abus d'une autorité iuconstitutionnelle, qui trop souvent ont arrêté le cours de pareilles plaintes : ces actes d'un despotisme ministériel sont des violations manifestes de la loi; ce n'en sont pas des actes légitimes, et on voit où ces crimes nous ont conduits. Or, en demandant le rétablissement de notre antique constitution, nous avons bien entendu sans doute l'anéantissement des monstrueux abus qui l'avoient fait tomber en désuétude. Ainsi la constitution rétablie dans son intégrité, les moyens qu'elle présente à tous les individus pour faire redresser leurs griefs contre un ministre prévaricateur, sont aussi faciles que multipliés.

La constitution françoise n'a pas établi

un droit politique , qu'elle n'ait donné le moyen d'en réprimer l'abus ; et c'est pour ne l'avoir pas considérée sous tous ses rapports , que l'abus se présente quelquefois sans le remede.

Des États - Généraux perpétuellement assemblés ne conviennent ni à nos mœurs, ni à nos caracteres. Le moment de les convoquer est entierement à la disposition du Roi. Mais la nécessité de les convoquer est souvent dans la nature même des choses.

En des tems paisibles , où chaque partie politique de l'état se tient rigoureusement dans ses limites, aussi-tôt que les États-Généraux *ont avisé sur les loix, remontré sur les abus, et consenti les impôts* (4),

---

(4) Tels sont les mots consacrés par la constitution, pour désigner les fonctions des États-Généraux ; et il est aisé de comprendre que pour les Etats-Généraux, *aviser sur les loix,* c'est former des décrets qui, revêtus de la *sanction libre* du Roi, deviennent des loix : *remontrer sur les abus,* c'est user d'un moyen respectueux pour les réformer.

Mais ce droit incontestable, inaliénable de

quelévénement pourroit nécessiter leur in-
tervention ? L'envahissement des pouvoirs

---

consentir les impôts , rend très-problématique le
droit d'enregistrement au parlement , des impôts
exigés par la seule volonté du Roi. Tout impôt
ou plutôt toute loi établissant impôt , doit toujours
être registrée ; mais cette formalité suffit-elle pour
légitimer l'impôt ? Non , très - sûrement , non ;
mais les mandats que les parlemens ont reçus
des États - Généraux , leur donnent - ils le droit
d'enregistrer , dans un moment d'urgence , des
impôts provisoires ? Je n'en doute pas ; mais lorsqu'on enregistre en vertu d'une délégation , un
impôt provisoire , il faut appeller les représentans de la nation , pour en légitimer la durée ; et
il faut limiter celle de l'impôt provisoire , jusques
au terme désigné et promis par le Roi , pour la
convocation des États-Généraux.

Le tort des parlemens est d'avoir usé trop
long-tems de ce droit qui lui étoit délégué , et
d'avoir ensuite cessé brusquement d'en user sans
examiner quelle étoit la situation de la nation,
quelles factions germoient dans son sein , et quels
étoient les moyens du Roi pour les anéantir.

Son tort peut-être, aux yeux de la postérité ,
· ra de n'avoir pas décrété M. Necker , dès le
moment où parut son criminel rapport du 27

par une des parties politiques de la constitution. Si donc le Roi détruisoit les parle-

---

décembre 1788 ; car dès ce jour il est certain qu'il
étoit criminel de lèse-majesté. Mais il faut convenir qu'au point où les impérities de M. de
Loménie et les intrigues de M. Necker avoient
amené la nation, il ne restoit que le choix des
dangers et celui des fautes.

. Mais à présent les factieux , jacobins et monarchiens , se flattent encore de détruire la constitution par elle-même ; car ils disent : ou le Roi
rétabli sur le trône , convoquera les Etats-Généraux, ou il se passera d'impôts ; et de cette ma-
niere, ou les factions vont renaître , ou le gouvernement sera dans l'impossibilité d'exister.

. Ils triomphent des difficultés insurmontables que
présente en ce moment une tenue d'Etats-Généraux ; et en effet, les environner de troupes ,
en environner les bailliages, présenteroit un aspect
de violence réprouvée par la loi : laisser les assem-
blées bailliageres en pleine liberté , ce seroit réunir
des victimes qu'ils se flattent de faire tomber aisé-
ment sous le couteau d'un peuple ivre de forfaits. Ainsi , disent-ils , ou les Etats-Généraux
rameneront les troubles , ou le défaut d'impôt les
perpétuera.

. Mais ces factieux raisonnent mal. Lorsque la

mens, et prétendoit donner à des intrus,
le mandat qu'ils reçurent des États-Géné-

---

constitution a laissé au Roi la plénitude de la
puissance exécutrice, réunie au pouvoir de convoquer à son gré les États-Généraux, elle a, par
cela seul, rendu le Roi responsable du moment où
il les réuniroit. Le Roi, maître absolu de la force
publique, doit maintenir de toute part, et par tous
les moyens possibles, l'empire des loix et la tranquillité publique. C'est à lui, *et à lui seul*, à assurer la liberté des États-Généraux, et à la défendre : ainsi nul doute qu'il ne commît la plus
grande offense envers la loi, en appellant les
États-Généraux, avant d'avoir assuré la paix publique; car ce soin là est son premier devoir, ainsi
l'a voulu la constitution. Mais qui veut la fin veut
aussi les moyens.

Ainsi la constitution, en chargeant le Roi de
maintenir la paix publique, et lui laissant la prérogative de convoquer à son gré les États-Généraux, l'a chargé par conséquent de ne les convoquer que lorsque la paix publique seroit *solidement* établie, puisqu'ils n'auroient aucune léga-
lité sans avoir été environnés par la force armée ;
et que d'autre part ils n'auroient aucune sûreté, si en ce moment la force armée ne les
défendoit du poignard des conjurés. Il s'ensuit

raux; si les parlemens résistant au Roi, pré-
tendoient arrêter l'action de son gouvernement ; si le clergé vouloit dominer ; si la
noblesse vouloit envahir ; si le tiers-état
s'arrogeoit des droits inconstitutionnels,
alors sans doute doivent paroître les Etats-

---

donc que le Roi , avant de convoquer les Etats-
Généraux , doit , avant tout , établir la paix publique ; et comme on ne peut établir la paix
publique sans la force , ni acquérir la force sans
armée , ni entretenir des armées sans argent , ni
avoir de l'argent sans impôt , *le Roi peut , le Roi
doit* rétablir tous les impôts qu'une Assemblée
illégale a détruits ; parce que les décrets d'une
pareille Assemblée sont des crimes, et non des
loix : *le Roi peut, le Roi doit* employer la force
armée à les rétablir et à les percevoir, pour, avec
ce secours, détruire les factions, rétablir l'empire
des loix, assurer la paix publique dans toutes les
parties de l'empire. Alors , *mais alors seulement*
il peut convoquer les Etats-Généraux, pour *aviser
sur les loix, remontrer sur les abus, consentir
les impôts.*

Il falloit cette explication pour que des scélérats n'abusassent pas de nos loix pour aiguiser
leurs poignards.

Généraux, pour, de concert avec le Roi,
et sous sa sanction, remettre chaque
partie de l'ordre politique à la place qui
lui est fixée.

Qu'on examine quel effroi doit inspirer
cette suprême Assemblée, et combien cet
effroi est tout entier à l'appui du trône.
Les Etats-Généraux ne peuvent attenter
à aucun des droits du Roi; ils sont aussi
sacrés que les leurs; ils sont tous indépen-
dans de leur volonté; le Roi, pour tout
ce qui concerne la prérogative du trône,
est seul et unique représentant de toute la
nation; ces prérogatives sont le domaine
de son peuple, le gage de sa liberté, sa
défense contre toute espèce de tyrannie;
son refus de sanction est l'arme légale du
trône; et comme forcer la sanction, ou
n'en tenir compte, sont des actes de re-
bellion déclarée; la force armée est le
moyen de faire valoir la sanction royale,
d'en maintenir l'intégrité par la destruction des rebelles : ainsi le Roi est partie
intégrante de la constitution, et sa prérogative est indépendante des Etats-
Généraux.

Généraux. Elle s'exerce sur eux, et non par eux : la même constitution qui fait que trois ordres politiques d'accord, ont le droit de former un décret au nom de la nation, fait aussi que le Roi a le droit de l'annuller par son refus de le convertir en loi. Mais ces États-Généraux, si subordonnés à l'autorité royale, peuvent tout avec elle : ainsi, si les parlemens, par des difficultés illégales, par une conduite séditieuse, forçoient le Roi à convoquer les États-Généraux, alors, très-certainement, ils peuvent perdre légalement jusqu'au plus léger symptôme de leur existence, car ils n'existent pas nécessairement, comme le Roi et les trois ordres, mais médiatement par la volonté réunie de ces deux pouvoirs.

Je pense donc que les États-Généraux, dans notre constitution, sont le mobile de tout, les régulateurs invisibles de tout ; qu'ils influent autant par le souvenir de ce qu'ils peuvent faire que par ce qu'ils font en effet, et qu'ils sont dans les mains d'un Roi vertueux et habile, le véritable

D

moyen de tout maintenir dans l'ordre ;
sans être obligé sans cesse de recourir à
l'action de ce puissant, mais quelquefois
dangereux remede.

Mais on me dira, peut - être, qu'un
gouvernement ainsi constitué exige des
talens, de la justice, de la vigueur. J'en
conviens; j'avoue aussi qu'il faut moins
de talens pour régner pendant quelques années, sans principes et sans loix;
mais si les commencemens d'une pareille autorité sont doux, ses fins sont
cruelles. Lorsque le chef suprême d'une
nation ne connoît plus aucune loi, le
peuple en vient bientôt à n'en respecter
aucune. La force est le seul principe d'un
pareil gouvernement, elle devient aussi
son unique ressort; et pour maintenir une
pareille autorité pendant un siècle, il faut
mille fois plus de talens que pour régner
paisiblement, environné d'une constitution légale et en obéissant aux loix.

C'est dans les pays sans constitution,
que le peuple doit frémir, lorsque le choix
du maître se dirige sur un ministre per-

vers ; mais en France , les loix ont pourvu
à ce que , s'il est naturel de desirer de bons
ministres , on n'ait au moins rien à redou-
ter d'un mauvais.

Ces grandes vérités seroient - elles généralement méconnues ? Non , sans doute ;
car je les vois généralement répandues
parmi les royalistes : mais il faut dire aussi
une vérité que peut-être l'on se déguise.
Il est peut-être des gens qui cherchent à
se les dissimuler , afin de couvrir du nom
d'amour des loix , leurs ambitions individuelles. Ce ne sont pas tant les crimes
d'un ministre abhorré que l'on redoute ,
que la perte de tout crédit et de toute
faveur auprès d'un ministre que l'on hait ;
et cette ambition individuelle , on la cou-
vre de beaux dehors , on l'étouffe soigneusement sous mille prétextes. On sent que
s'approcher d'un ministre généralement
haï , ce seroit s'avilir ; et cependant on
craint de se fermer le chemin des graces ,
si l'on s'en éloigne : voilà un secret que
l'on ne confie qu'à soi-même ; mais le
fait n'en est pas moins réel.

Mais ceux qui se laissent entraîner à
ces sentimens irréfléchis, ne pensent pas
qu'ils offrent entre leur conduite passée
et leur conduite présente, une incohé-
rence inexplicable.

Dans cette grande et effroyable crise,
où le triomphe de tous les genres de scé-
lératesse sembloit assuré aux factieux,
chacun put voir clairement quel parti il
vouloit embrasser. Ceux qui se présentoient étoient d'autant plus prononcés,
que la force seule des factieux frappoit
tous les regards; et la réunion des talens
de leurs chefs ne permettoit pas de pré-
voir l'imprévoyance, la brutale stupidité,
la féroce tyrannie de leur conduite. A
cette même époque, l'Europe entiere, oc-
cupée à des guerres sanglantes, ou s'y
préparant, l'armée françoise en pleine
dissolution, le ministère livré aux ennemis
du trône, ne présentoient la monarchie
qu'environnée de tous les genres de périls,
sans aucune espece de ressources.

Chacun put jeter le masque de l'hypo-
crisie dans une assemblée où l'impudeur
du crime étoit un mérite.

Les factieux avoient de très-grandes inquiétudes : ils vouloient former un très-grand parti. Les dignités de l'Etat, les promesses des places, les dons réels et effectifs en argent étoient offerts jusques à l'importunité.

Il n'étoit pas même question d'établir la démocratie ; on vouloit ce projet, d'illusions plus dangereuses. Alors existoit le projet de créer une chambre des Pairs ; et de tous les côtés se présentoit la facilité d'occuper cette place éminente, de l'environner des richesses et des dignités de l'Etat. On conviendra que jamais la trahison et l'infamie n'eurent des dehors plus séduisans.

Quel aspect présentoit alors la monarchie ? Un roi enchaîné ; les torches des incendiaires circulant dans nos provinces, et y embrâsant nos demeures ; le poignard des assassins déchirant nos commettans ; d'affreux supplices constamment impunis, endurés par ceux dont nous étions les représentans et les organes ; la populace de la capitale ivre de sang, de

lâcheté et de crime, menaçant sans cesse
nos jours, qui n'étoient défendus que par
la pusillanimité de nos ennemis (car la
crainte, que si le peuple s'accoutumoit à
égorger des députés, il n'en vînt à ne
plus respecter l'inviolabilité de l'assemblée, fut notre seule sauve-garde). Les
insultes, les dévastations, la mort, tels
étoient les châtimens dont l'infamie triom-
phante menaçoit l'honneur abattu : il fallut opter ; mais aucun de nous n'opta
sans avoir clairement prévu les conséquences du choix qu'il alloit faire. Nul
de nous ne peut donc aujourd'hui se plain-
dre de ses pertes, sans improuver le parti
qu'il a embrassé ; car ces pertes en étoient
les infaillibles et honorables conséquences.
(5) Certes, lorsqu'il fallut soutenir le parti

Notes des Éditeurs.

(5) Nous racontions dans cette note, avec
quelle épouvantable atrocité viennent d'être
détruites les propriétés de M. le comte d'Antraigues, et nous donnions sur les fauteurs *médiats*
et *immédiats* de ces crimes, des notions précises

de la religion, de la monarchie et des
loix, nous n'eûmes plus à nous flatter de

---

et sûres, que nous avions soigneusement tirées de
Paris et de la province, où ses biens étoient situés.
Nous avons dû sacrifier cette longue note, puisque
ce n'est qu'en la sacrifiant, que nous avons été
autorisés à publier cette Lettre.

« Occuper le public de ses malheurs (*nous*
» *écrit M. le comte d'Antraigues*) dans un tems
» de calamité générale, est un insupportable
» amour-propre ; et regarder comme des mal-
» heurs les sacrifices faits à ses devoirs, une
» insigne lâcheté.

» Le récit de tout ce qui s'est passé à mon
» égard, les noms des chefs des brigands et
» des incendiaires, celui sur-tout de leurs chefs
» à Paris, à Nismes, en Vivarais, et à Metz,
» forme, je l'avoue, un morceau curieux ; mais
» il ne peut m'être utile, que lorsqu'il pourra
» armer les tribunaux légitimes pour ma ven-
» geance ; car je ne connois de légitimes ven-
» geances que celles de la loi ».

Tels sont les motifs qui nous ont forcés de
supprimer une note instructive à bien des égards.
Le fait, au moins qu'il nous soit permis de le
dire, c'est que quatre châteaux appartenans à

pouvoir être encore leurs défenseurs, l'honneur ne nous offrit que la gloire d'être leurs martyrs.

Pourquoi ces généreux sentimens qui nous animerent tous, lorsque, après le 6 octobre, nous allâmes environner la prison du Roi, présenter nos mains aux mêmes fers, et nos cœurs aux mêmes poignards, s'affoibliroient-ils avec l'espérance d'un sort plus heureux ? Pourquoi les ambitions individuelles renaîtroient-elles avec nos espérances ? Ce que nous fûmes dans la plus effroyable des adversités, nous devons l'être encore dans l'espoir d'une meilleure fortune. Ce n'est

M. le comte d'Antraigues, en Vivarais, ont été brûlés et démolis dans la même semaine ; tout ce qu'ils contenoient a été pillé, et des feux énormes ont été allumés pendant plusieurs jours , autour des décombres, pour que la calcination des murs rendît les ruines même inutiles. Cela s'est passé du 20 mars au premier avril 1792, en vertu des ordres signés à Paris , envoyés à Nismes , de Nismes à Annonai, et de là aux brigands exécuteurs.

pas aux événemens que sont attachés nos
principes; leurs conséquences sont toujours les mêmes. Périr pour le salut de la
monarchie, et préférer, lorsqu'elle sera
rétablie, l'intégrité de la constitution et
des droits du trône à tous ses avantages
personnels, rester dans sa patrie ressus-
citée, et y rester pauvre, oublié, glo-
rieusement environné de ses ruines per-
sonnelles, s'éloigner d'un ministre généralement abhorré, mais respecter en lui
le choix libre du roi; telles sont les conséquences des mêmes principes qui nous
rendirent les martyrs des loix, lorsqu'il
fallut s'immoler pour elles.

J'en conviens, de grands services rendus à l'Etat, méritent de grandes récompenses de la part du Roi qui connoît
que l'intérêt de l'Etat est le sien, et que
les vrais serviteurs de l'Etat, sont les plus
fidèles serviteurs. Mais dans notre grande
et superbe cause, je vois notre gloire s'ac-
croître de l'impossibilité même de nous
récompenser. La seule récompense digne
de nos cœurs et de nos sacrifices, est la

victoire pour la cause à laquelle nous nous
sommes dévoués. Nous sommes en trop
grand nombre, pour qu'il soit au pouvoir
du Roi d'étendre ses bienfaits sur nous.
Cette impuissance est notre trophée ; gardons-nous d'en affoiblir l'état. Cette
noblesse françoise, dont nous fûmes les
organes, nous éleva à ces places où notre
dévouement a obtenu plus de célébrité ;
voilà notre récompense : mais nous n'a-
vons fait que ce que nos commettans nous
ont prescrit, et par conséquent ce qu'ils
auroient fait. Aujourd'hui réunis auprès
des princes pour soutenir les principes que
nous avons manifestés en leur nom, ils
ont acquis les mêmes droits que nous, à
la bienveillance du Roi ; et de ce droit
honorable pour eux, naît pour nous
tous, la glorieuse nécessité de trouver
notre unique récompense, dans l'existence
de notre antique constitution, dans la
certitude de l'avoir fait renaître. Auprès
de cette grande récompense, comment
peut-on en comparer aucune autre ? C'est
pour ne l'avoir pas examinée sous tous

ses rapports, que le cœur s'égare en en
convoitant qui lui sont étrangères.

D'ailleurs, en des tems tranquilles, lorsque la constitution est en pleine vigueur,
de grands services rendus à l'Etat, annon-
cent dans l'individu qui les a rendus, un
dévouement spécial, un sacrifice des avantages paisibles que lui assuroient dans une
vie privée, les loix de son pays. Ils annon-
cent un besoin de servir l'Etat, et d'y
obtenir de la gloire, qui est la passion des
hommes de talens; et c'est alors que le
Roi doit honorer des faveurs de l'Etat,
ceux que distingue la voix publique.
Mais lorsque d'infâmes usurpateurs en-
vahissent la place des loix; quand le trône
est renversé, les autels détruits ou souil-
lés, les propriétés en proie aux flammes;
quand la stupide rage des tyrans s'étend
à tout, et frappe également l'honneur et
la fortune; lorsque leur féroce démence
prive des citoyens de leur état politique,
et qu'il ne reste plus que deux partis à
choisir, d'être leurs complices, ou les
vengeurs des loix; alors la place de cha-

que citoyen est marquée par la loi et l'honneur ; c'est à la foi pour son Dieu, ses loix, son roi, son pays et lui-même qu'il combat ; il défend tout ce qui lui est le plus cher, de la main des tyrans ; et dans cette position, la seule récompense due à la fidélité, c'est Dieu seul qui la donne, en accordant à la cause juste la victoire et la paix.

Quelques c... s vraiment magnanimes s'oublia... ... êmes, mais s'abusant d'une er... ur qui ne peut convenir qu'aux grandes et belles ames, seroient portés à résister au choix d'un ministre qu'ils jugent étranger à la bonne cause, par ses principes et sa conduite ; et cela par la crainte qu'ils ont que tels ou tels, à qui ils accordent leur estime, n'en soient pas favorisés ; mais je crois que ceux-là même pour lesquels leurs nobles cœurs conçoivent ces craintes, sont loin de les partager. En servant la religion et la monarchie, ils n'ont pas, je crois, mis leur gloire ni leur espoir dans les faveurs d'un ministre ; ils confioient leurs récompenses en des mains plus sûres, les seules dignes de les leur accorder. La suite constante de leur conduite m'apprend à quels honneurs ils prétendent : elle me prouve aussi que ces honneurs, ils ne les cherchent ni dans la faveur ni dans le crédit.

Cette révolution a eu pour caractère singulier dans toutes ses époques, de présenter constamment aux vrais François tous les genres de séduction, et aux factieux toutes les sortes de ressources.

Lorsque les excès des tyrans de la premiere assemblée, connu sous le nom de *jacobins*, furent montés à tel point qu'il devint évident que leurs crimes n'avoient besoin, pour être expiés, que de leur laisser en poursuivre les conséquences, et que ces tigres, réunis dans leur antre, devoient se déchirer eux-mêmes : alors entre les royalistes et ces scélérats, se forma un tiers parti, né dans le sein de ces derniers, et développé par la crainte des premiers. Telle est l'origine des monarchiens, en septembre 1791.

*L'*audace, l'avididité, la férocité, l'im-

piété avoient créé les jacobins; la peur
fit éclorre les monarchiens. *Les* jacobins
devoient périr ; les monarchiens les pré-
vinrent ; mais dans un tems, ils en
avoient été les chefs, les orateurs, les
guides; et ils n'avoient abandonné ce
parti que pour s'emparer des récompenses
qu'ils avoient convoitées, en se mettant
à la tête du gouvernement monstrueux
que leurs décrets avoient formé. Ils pré-
voyoient qu'il est des crimes inexpiables,
et que si la cause des loix triomphoit, si
l'honneur François renaissoit, si la constitution antique étoit rétablie, ils seroient
investis par tous les genres d'opprobres.

Pour calmer des craintes sans cesse re-
naissantes, et prévenir des malheurs irré-
médiables, ils crurent se faire un mérite
de déserter les jacobins, lorsqu'ils eurent
consommé avec eux, les forfaits qui
pouvoient tout détruire, afin d'avoir à
eux seuls le mérite d'une reconstruction
nouvelle.

Cette nouvelle construction dans leur
systême, eut deux objets et un mobile :

le premier objet fut la destruction de l'antique constitution ; le second, l'établissement d'une constitution nouvelle, qui détruisît les jacobins, anéantît la noblesse, assurât l'expoliation des propriétés du clergé, et par suite, la destruction de la religion catholique, et leur procurât en paix, la jouissance du fruit de tous les crimes qui avoient été commis, et toutes les places du nouveau systême. Tels furent leurs deux objets ; et leur mobile, la peur des châtimens.

Les monarchiens, lors de leur fugitive existence du tems de la première Assemblée, avoient été formés par ce parti modéré, mais indécis, qui répugnoit aux conséquences, en adoptant les principes ; par ce parti qui vouloit détruire sans pouvoir et sans mission, l'antique constitution de l'Etat, pour établir violemment la constitution angloise, et qui ne voyoit pas que vouloir établir illégalement une nouvelle constitution, c'étoit devenir aussi tyrans que les jacobins, mais se montrer beacoup plus inconséquens ; car ses pre-

miers monarchiens parloient de justice,
de loi, de propriété, en disposant néan-
moins de tout cela à leur mode. Sans
autorité, sans forme, uniquement par la
force ; tandis que leurs adversaires, en les
imitant, proscrivoient de leur vocabulaire
le mot *honneur*, prêchoient l'athéisme,
et s'annonçoient nettement pour des brigands et des usurpateurs. A ce parti que
les jacobins avoient d'abord poursuivi,
vinrent se joindre, après l'acceptation
forcée de la constitution, ces mêmes
chefs jacobins qui l'avoient persécuté dès
lors. Ce parti devint le plus misérable
de tous, parce qu'il receloit tous les
genres de bassesse, et que pour commettre les mêmes crimes que les jacobins,
il ne lui manquoit que leur audace et leur
force.

Ce parti mitoyen devint bientôt l'a-
syle des transfuges de tous les partis.
Les déserteurs jacobins y trouvèrent un
abri où ils pouvoient espérer voir se détruire leurs ennemis, et s'approprier le
fruit de leurs crimes ; les traîtres à la cause

juste

uste y trouvèrent une sorte d'hospitalité temporaire, qui leur paroissoit assurer leur existence, quelle que fût la cause qui triompheroit.

Le gouvernement ayant été forcé de paroître se décider absolument pour ce parti, il s'ensuivit que les royalistes furent exposés à la plus dangereuse des tentations, celle de croire qu'une pareille faction pouvoit devenir un parti légitime : un dernier moyen d'obtenir la paix, et de conserver, sinon l'honneur, au moins sa vie et sa propriété.

Or, je dis, que ceux qui exposés à ce nouveau péril, y ont resisté; ceux qui ont pensé qu'un roi enchaîné ne pouvoit même offenser la constitution, quoi qu'il fît; ceux qui se sont dit que le Roi, voulût-il l'offenser étant libre, et adoptant alors ce parti déshonoré, *il n'en avoit pas le pouvoir*; que cette hypothese même, d'un Roi travaillant de son plein gré à avilir la royauté, devînt-elle une réalité, es vrais François n'étoient pas tant les serviteurs du Roi, que les sujets de la sonstitution de leur patrie; et que si un

E

Roi s'égaroit ; c'étoit à la constitution qu'il falloit se rallier : ceux qui ont annoncé ces principes, et qui les ont adoptés, ceux-là n'ont dû ambitionner d'autre récompense que celle qu'ils recevront un jour de la postérité : ceux qui en desirent d'autres pour eux, ne leur rendent pas justice : ceux qui voudroient les environner de la gloire factice et éphémere des places, ne me paroissent pas avoir apprécié la vraie gloire qu'ils ont méritée.

La tâche des vrais citoyens me paroît encore bien éloignée de son terme, et il est de l'intérêt le plus pressant du parti dévoué à l'antique constitution, de se conserver ses serviteurs jusqu'au calme parfait ; c'est-à-dire, jusqu'à ce que l'empire de la constitution étant solidement établi, il ne reste plus d'autre devoir imposé aux citoyens, que la sécurité et l'obéissance. Sous ce rapport, je crois qu'il seroit très-désirable, si un ministre soupçonné de vouloir établir des innovations s'approchoit du trône, qu'on en laissât éloignés tous ceux qui l'ont défendu en des tems de péril-

La place d'un bon citoyen en des tems
d'inquiétudes, est dans sa province, au
milieu de ses compatriotes : c'est là qu'il
doit calmer les imaginations trop effa-
rouchées, distinguer ce que la constitution permet de ce qu'elle proscrit, enga-
ger à souffrir des erreurs, même des torts,
pourvu que la constitution n'en soit pas
altérée ; mais aussi il doit se servir de tous
les moyens qu'elle présente pour opposer
une résistance invincible, et jusqu'à la
mort, à son anéantissement ou à son alté
ration illégalement opérée. Dans une
pareille position, bien loin de desirer des
places à ceux de notre parti qui ont
obtenu notre estime, je desire moi, qu'ils
mettent le comble à leurs services, en
les refusant, si elles leur étoient offertes.
Un citoyen vertueux, quelque soit son
ambition, ne doit s'approcher de l'administration de l'Etat, que lorsqu'il croit
que les principes de l'administration sont
sains et constitutionnels ; et qu'il peut, en
obéissant à la constitution, faire le bonheur de sa patrie : mais s'il doute, s'il a
des craintes sur les projets, il doit ren-

fermer ses pensées dans son cœur, car il
peut se tromper ; mais il doit s'éloigner
du timon des affaires. Sa couscience alors
est à la fois son conseil, son témoin et
son juge.

D'autres craintes troublent encore les
cœurs, je le sais: et comment les improu-
verai-je avec amertume? Elles ont si long-
tems désolé le mien !

Eloignés de notre patrie, la laissant en
proie à tous les bandits, à tous les intrigans de l'univers, qui y semblent attirés
par les crimes qui nous en éloignent ;
comme l'on voit en Afrique pendant les
ténèbres, des troupes de féroces hyennes
accourir sur le champ de bataille , atti-
rées par l'odeur des cadavres ; pour en
dévorer les lambeaux ; laissant dans ce
gouffre de crimes notre Roi prisonnier ;
environné de hardis scélérats qui en veulent à sa vie, tels que les jacobins ou de
lâches intrigans qui en veulent à son honneur, et qui, pour assurer leur existence
veulent détruire la monarchie en dégra-
dant le monarque , tels que les monarchiens; il étoit assez naturel de concevoir
que tous les moyens seroient employés

pour envelopper des nuages de la dé-
fiance, la magnanime conduite des princes. Leurs plus cruels ennemis ne sont
pas les jacobins, car ils n'en veulent qu'à
leur vie : leurs plus cruels ennemis sont
ces hommes ambitieux, bas et cupides,
dant la déplorable vanité re repaît encore de chimériques espérances sans en
appercevoir l'inanité, sans appercevoir
que lors même que leurs vœux seroient
exaucés, le caractère nationale et la conscience publique les repousseroient de ces
places qu'ils convoitent ; ces hommes,
enfin, qui consentiroient à faire de la
France une tombe, si sur ce vaste sépulcre
pouvoit s'élever une chambre de Pairs; s'ils
pouvoient, environnés de nos ruines, ca-
resser leur stupide amour-propre de ces
titres d'honneur qui n'ont d'éclat chez nos
voisins, que parce qu'ils y sont établis par la
loi, et qu'ils n'y furent jamais le résultat
d'une misérable faction, et la proie d'hommes avilis, repoussés par tous les partis; ces
hommes là sont les plus méprisables ennemis des princes et de la monarchie.

Vouloir détruire la monarchie, est un

forfait exécrable ; mais enfin il annonce
le danger. On fait ce que veut ce parti
jacobite ou républicain ; on sait le but de
ses abominables complots ; on sait qu'il
faut périr ou l'exterminer, et qu'il n'y a
pas deux partis à choisir. Mais que veulent les monarchiens ? Le savent-ils eux-
mêmes : Pressés par tous les genres d'in-
conséquences, ils blâment le principe qui
remet la force aux jacobins ; et ils n'ont,
pour établir leur mitoienisme , d'autre
principe que les leurs. Privés de l'appu
de nos loix, ils veulent détruire l'antique
constitution de leur patrie , et placer là
constitution angloise sur ses débris, sans
avoir jamais pu expliquer qui leur a donné
le singulier pouvoir d'opérer ce bel ouvrage ; et quelle différence il y a entre un
pouvoir usurpé par la force ; et un pouvoir
que l'on voudroit usurper ; pourquoi ce
que les jacobins font aujourd'hui est criminel, et pourquoi ce qu'ils desirent de
faire seroit légitime. Qu'ils nous citent
leur foiblesse en preuve de leur droiture .
car nous offrir le tableau des crimes des
jacobins, c'est nous apprendre seulement,
que les jacobins sont aujourd'hui les plus

forts ; et la preuve de cette vérité est com-
plete, depuis que le Roi prisonnier, ayant
accepté la constitution , le parti monarchien s'est aussi-tôt accru de tous les chefs
du parti jacobite , qui jusqu'à ce moment
avoient préconisé le meurtre , l'incendie ,
le pillage , l'impiété et les assassinats. Cé
déserteurs jacobins ont-ils changé d'ame
en changeant de parti ? Non : mais ils se
sont encore avilis au-dessous de leurs premiers complices. Ceux-ci , poursuivant
leur carrière , et la semant de tous les
genres de forfaits , sont restés exposés à
toutes les sortes de périls ; ceux-là , alliant
à la fois l'amour du crime , l'avidité du
crime à la peur des châtimens , ont voulu
le profit des forfaits commis , en laissant
les dangers à leurs coopérateurs : ceux-là
veulent anéantir la monarchie et établir des
républiques ; ceux-ci ne veulent pas d'une
république , dont ils seroient encore l'é-
gout ; ils veulent corrompre la monarchie,
dégrader le Roi, avilir tous les ordres de
l'Etat , parce qu'ils sentent bien que dans
un avilissement universel , la première
place leur est due. Les jacobins, enfin, aussi

E iv

avides que les monarchiens, décorent au
moins leur ambition particulière de ce
leurre grossier, mais décevant, de l'égalité
de tous les hommes entr'eux : ceux-ci ne
violent leur dégoûtante impudeur d'aucun prétexte. Leur plan est une monarchie dégradé , dont ils formeront un des
pouvoirs ; un Roi avili et enchaîné , dont
ils seront les organes et les geoliers ; un
pouvoir politique dans l'Etat , élevé au-
dessus de tous les citoyens , et ce sera encore eux qui seront les pairs du royaume
Je doute que depuis l'existence du monde,
une plus ridicule démence ait tourmenté
des hommes ayant la faculté de raisonner

Les monarchiens regardent la France
comme un malade à l'agonie, prêt à expi-
rer et ils se sont cru autorisés par sa
foiblesse, à ajouter leur scalpel aux poignards de leurs adversaires, sans réfléchir
que, quelqu'avilie que soit la nation, le
seul aspect de leur réunion dans une chambre de Pairs, seroit pour elle, ce qu'est
dans les plus profondes létargies, le meta
enflammé, appliqué sur les membres d'un
malade; que, à quelque opprobre que la

colere du ciel nous ait réservés, celui qu'il
nous seroit le plus impossible de souffrire
seroit leur ridicule et ignominieuse domi-
nation.

Ces gens là ont une manière d'attaquer,
qui n'est qu'à eux, et qui en a fait d'im-
placables ennemis des princes et des
royalistes.

Les jacobins marchent tête levée; ils
en veulent à la vie du Roi ; ils veulent
exterminer tout ce qui leur fait obstacle ;
ils ont peut-être encore plus la soif du
crime , qu'ils n'ont d'ambition. La terreur des supplices accroit leur désespoir ;
leur désespoir est devenu leur courage.
Ils veulent anéantir, et régner ouvertement , sans mystère.

Les monarchiens, avec les mêmes principes modifiés par leur foiblesse et la peur,
n'ont d'autre projet politique que leur
ambition personnelle , leur terreur personnelle, leur cupidité personnelle. Sans
moyens réels , sans force , et ne pouvant
répondre à aucune objection , semblables
aux taupes , ils s'enfoncent sous la terre
pour creuser des gouffres sous nos pas.

Leurs moyens sont les intrigues, les divisions, les plus honteuses passions qu'ils cherchent à exciter, à mettre en fermentation. Environnant un roi captif, ils cherchent si, dans le cœur de ce monarque vertueux et infortuné, il ne seroit pas possible d'exciter des craintes, d'armer son noble cœur contre ses plus fidéles sujets, et de lui représenter comme les rivaux à venir de s a puissance souveraine, ces princes qui ne peuvent être grands aux yeux de la postérité, que par leur dévouement sans réserve et leur soumission à ses ordres.

Eloignés du Roi que nous servons, rien ne passe de lui à nous et de nous à lui, que le récit de ses malheurs et de notre constante fidélité. Les monarchiens (6) ont cherché à infecter de leurs poisons·

—————

(6) Aurai-je besoin de dire, que par les monarchiens, j'entends aussi les monarchistes les feuillantins, les mitoyenistes, les ministériels enfin, tous ces partis qui, jacobins par principe, ennemis de la constitution antique, cherchent à déduire les jacobins pour les imiter, et les royalistes pour assurer leur existance et satisfaire la plus ridicule ambition ?

cette unique communication qui existe
entre notre Roi et nous. S'il l'environnent
de terreurs, ils nous présentent le Roi de
France comme le chef d'une faction. Et
de quelle faction, grand Dieu! De la leur,
afin d'élever au milieu de nous, ces questions dangereuses qu'exciteroit un événe-
ment si inattendu. Ce sont nos princes ;
sur-tout, que leur rage attaque sans re-
lâche. On les entend, ces lâches, les me-
nacer des dangers que courut Agricola ,
Causa periculi non crimen ullum sed gloria viri.
Ils feroient craindre leurs succès , parce
qu'ils ne peuvent concevoir des succès
sans crimes, et qu'ils ne peuvent concevoir
que ce soit une récompense pour eux de
devenir les sauveurs de leur patrie , s'ils
n'en deviennent aussi les tyrans. Ces gens
là peuvent faire beaucoup de mal; ils en
ont faits d'incalculables, incalculables au
jourd'hui, mais que l'histoire calculera un
jour , lorsqu'elle pourra être vraie sans
être dangereuse, et sévere sans être coupable.

Je l'avoue, pendant long-tems ; j'ai
partagé les chagrins, les terreurs des vrais,

François sur le mal que ces vils calomnia-
teurs pouvoient faires à nos princes. Mais
enfin de plus séveres réflexions ont élevé
mon ame à de plus hautes pensées, et dès
lors j'ai trouvé dans mes sentimens une
tranquillité qui , je l'espere , sera inalté
rable.

Je me suis dit : Si nos princes travail-
loient pour eux, pour être autre chose que
ce que les a faits la constitution de leur
pays ; s'ils ambitionnoient le credit , la
puissance, leur espoir pourroit être déçu;
car ils auroient cherché à leur conduite ,
un prix qui dépend de la volonté d'au-
trui. Mais la grandeur des sacrifices qu'ils
s'imposent, leur constance à supporter
tous les genres de contrariété , tous les
effets des plus détestables intrigues, leur
immutabilité à conserver d'indestructibles
principes : tout cela réuni , me prouve
clairement que la gloire est leur seule ambition ; et la gloire pure, inaltérable , ils
savent bien que c'est la postérité qui la
dispense ; que pour la vertu et l'honneur,
son partage est de mériter dans un siecle ,
et d'être récompensés dans un autre; que

les intrigans, accablés du mépris de la postérité, laissent à la vertu tout son éclat, et que les effets de l'envie, si durs à supporter, deviennent les trophées d'une haute renommée. Germanicus est l'amour de l'univers: Pison en est l'horreur. Tels sont les motifs de ma sécurité.

Conservons leur gloire pure et intacte-nous qui leur sommes soumis, jusques à ce que notre Roi nous soit rendu. En imitant leur magnanime conduite, ne prenons pour la conservation de notre antique constitution, que les précautions qu'elle autorise, et ne soutenons pas, de moyens qu'elle réprouve, son indestructible empire; c'est l'union et la confiance qui, se prêtant un mutuel appui, la rendent impérissable.

Que serviroit de nous lier par des promesse écrites, au service de cette constitution, et de jurer de n'en jamais souffrir aucune autre ? Elle réprouve ces engagemens partiels et secrets, comme inutiles et dangereux.

Inutiles parce que, de nouveaux engagemens n'ajoutent rien, à la force des pre-

miers que nous transmireut nos pères;
et que si nos premiers sermens ne suffi-
soient pas pour nous réunir, je ne vois
pas quelle force ont tireroit des seconds.

C'est le privilege d'une cause sainte et
juste, qu'elle n'a besoin pour rallier ses
défenseurs, d'aucun de ces moyens téné-
breux, ouvrages du secret et du mystere
qui ne conviennent qu'à des conjurés. Le
pacte de notre alliance fut écrit de la
main de nos peres, les clauses de notre
confédération sont les loix de notre patrie : nous ne pouvons ni y ajouter ni y
retrancher; tout ce par quoi nous sommes unis, est environné de la classe des
cieux; l'acte de notre ligne est le code de
nos loix.

Gardons-nous de suppléer jamais par
d'autres formes, à ces mes augustes,
qui rendent notre parti, celui de Dieu et
des loix.

Jurer de périr pour obtenir ce que
nous réclamons, jurer de ne jamais obéir
qu'à notre antique constitution, c'est ré-
péter seulement l'obligation de notre premier devoir. Ce serment doit être dans

nos cœurs, et non sur des instrumens pé-
rissables.

Que les factieux stipulent entre eux
sur leurs crimes, c'est leur partage ; on
ne commet pas des forfaits steriles, et on
stipule leur valeur avant de les consom-
mer. Mais pour nous, notre unique récompense est le règne de la constitution,
le rétablissement de la religion et des loix :
ainsi, tout est connu dans la cause juste ;
ses motifs et son but , ses moyens et sa
récompense, son principe et sa fin.

N'ajoutons rien à ce bel ensemble. lais-
sons les ligues aux factieux, les promesses
multipliées aux parjures; et des sermens
toujours violés et sans cesse renouvellés,
à ces impies qui, épouvantés de l'énor-
mité de leur crime, cherchent un frêle
appui dans les débris de la conscience de
leur complices.

Ces moyens inutiles seroient encore
dangereux.

Tout ce qui sort des moyens permis
par la loi, est toujours suspect; et tel est en
effet le sort des ligues ou contrats partiels
et secrets, par lesquels des citoyens s'en-

gagnent entre eux: ces ligues finissent par se garder elles-mêmes comme une faction; elles adoptent certains principes, elles s'isolent de la masse générale ; elles ont fait un corps dans l'Etat, il leur en coûte d'y renoncer. C'est ce qui fait que, réunies pour les fins les plus justes ; les ligues deviennent toujours un instrument criminel dans les mains d'un hypocrite et d'un factieux.

Croyez-moi, point d'actes particuliers ; point de ligues. Pourquoi particulariser un devoir général? L'antique constitution assaillie et détruite par une troupe de brigands, doit armer tous les vrais François pour sa défense; et si les plus saints devoirs, si les plus grands intérêts ne nous réunissoient-ils un lien plus durable que ne le fut la chaîne des loix ?

Je suis avec un respectueux attachement,

Messieurs,

Votre très-humble et très-obéissant serviteur,

Le Comte d'Antraigues.

33